EmmeEmmePo Edizioni

EmmeEmmePo Edizioni

EmmeEmmePo Edizioni

Foto di copertina :"Il tramonto" di Lucio GENOVESI, 1977
collezione privata

Professione: PSICOLOGO

Roberto SBRANA

EmmeEmmePo Edizioni

**DATO IN STAMPA IL 7 MAGGIO DELL'ANNO 2019
RISTAMPA NEL MESE DI GENNAIO 2021**

da EmmeEmmePo Edizioni

Presso: lulu.com
Regno Unito - 3101 Hillsborough St.
Raleigh, NC 27606-5436, Stati Uniti – P.I. 975 0935 85
Francia – Chez Fiscal Solutions Sarl 23
Rue du Clos d'Orleans 94 120
Fontenay sous Bois – P.I. FR90524670213
Italia – Lulu Enterprises, Inc.
Fiscalmente rappresentata conformemente all'art.17 comma 3
DPR 633/72 da KPMG Fides Servizi di Amministrazione Spa,
Via Vittor Pisani, 27 – 20124 Milano – P. I. IT07301070962
http://www.lulu.com/spotlight/EmmeEmmePo

Indirizzo Internet per acquisti: www.lulu.com
www.amazon.it

Per contatti: robertosbrana2020@libero.it

Indice

Introduzione

La Professione di Psicologo è abbastanza conosciuta; se ne sente parlare in continuazione, anche se non sempre a proposito. Nel nostro fragile e martoriato Paese, dopo ogni terremoto, alluvione, naufragi di carrette del mare con profughi sopravvissuti, disastri di vario tipo, in televisione e sui giornali sappiamo che "scendono in campo *task force* di psicologi".

Ma a fare che cosa?

E quella sopradescritta è solo la psicologia dell'emergenza. Poi, nella vita di tutti i giorni, al di fuori delle catastrofi, c'è la psicologia del quotidiano. Fatta di incontri individuali, talora in gruppo, sia nel Pubblico che nel Privato.

Ma di cosa si occupa la psicologia del quotidiano?

E che differenza c'è tra psicologia e psicoterapia?

Potremmo andare avanti a lungo a porci domande di questo tipo, ma eviteremo di farlo: le risposte a queste domande ed anche ad altre sul tema, sono ciò di cui ho voluto parlare nel mio scritto, con lo scopo di dare informazioni possibilmente corrette (non sempre circolanti), affrontare luoghi comuni ed alcune dicerie, mettere al microscopio una professione vecchia e giovane nello stesso tempo, per alcuni una Scienza e per altri *aria fritta allo stato puro*.

Mi auguro di aver raggiunto lo scopo.

La scelta della Facoltà Universitaria

Corre voce che circa la metà di chi si iscrive a Psicologia lo faccia per un impulso inconscio a curarsi. Può essere, ma anche se lo fosse, non ci sarebbe nulla di male: il buon Sigmund Freud ha sostenuto che siamo tutti un po' nevrotici e, se le cose stanno così, a provare a curarsi non c'è proprio nulla di male.

Così s'inizia una lunga, talora estenuante, formazione universitaria in una delle tante sedi di Facoltà.

Sono anni difficili, perché si sta più o meno dalla mattina alla sera a legger libri di psicologi indagatori e descrittori dell'animo umano, ognuno con la propria teoria, alcuni dei quali addirittura acerrimi nemici tra loro. E si comincia a cogliere le mille sfaccettature di cui son composti gli esseri umani.

Ma forse sono anche più di mille.

La formazione universitaria incide anche sulla vita di relazione dello studente, per due motivi: il primo motivo è che gli amici di sempre, appena t'incontrano, iniziano a raccontare i loro sogni o ad intrattenerti con le loro varie psicopatologie, dall'ansia alla depressione, dagli attacchi di panico alla difficoltà di stare dentro gli autobus pieni di gente, come se lo studente sapesse cosa dire loro. Purtroppo questa abitudine continua per tutta la vita ed arginarla non è sempre facilissimo. D'altra parte, chi di noi resiste alla tentazione di chiedere ad un amico idraulico come mai il rubinetto della sua cucina perde, quando lo incontra per la via?

Il secondo motivo non è a tempo indeterminato come il precedente, ma scompare con il tempo ed ha origine nello studente: porsi nei confronti degli amici da "psicologo", spiegando i motivi di ogni loro comportamento, senza, peraltro, esser stato interpellato da nessuno di loro. Una tendenza pericolosissima, assai poco gradita agli amici, i migliori dei quali reagiscono con uno splendido "Ma chi ti ha chiesto niente?". Altri, invece, arrivano ad interrompere l'amicizia perché tale comportamento è decisamente poco gradito. Per fortuna, è di breve durata e col passare del tempo (e magari con la riduzione degli amici), si capisce che non è quello il modo di porsi e si smette di farlo. E si capisce anche la differenza tra un amico ed un paziente.

La Facoltà è organizzata con il classico 3 più 2. I primi tre anni danno un'infarinatura generale e sfornano solo "Dottori in Psicologia". Poi, dopo il primo triennio, c'è da scegliere tra diversi itinerari specialistici: la clinica la fa da padrona, forse perché si pensa di far più quattrini, una volta terminata la formazione; la psicologia di Comunità, in forte crescita, anche perché sembra che i genitori non siano più capaci di educare i figli ed allora cosa c'è di meglio di una bella delega alle strutture comunitarie? Oppure la psicologia dello sport, a torto considerata la cenerentola del biennio specialistico, forse perché ancora molto da sviluppare e da capire quanto può incidere sul rendimento sportivo del singolo e della squadra (Helenio Herrera negli anni 60 allenatore dell'Inter Campione del Mondo a Squadre, lo aveva capito). Oppure l'Età Evolutiva, con i tanti potenziali preadolescenti ed adolescenti in difficoltà nel nostro mondo così poco attento a loro.

Ed altre … Credo che la scelta avvenga quasi sempre per caso o per situazioni contingenti di facilitazioni, magari anche la localizzazione geografica delle Sedi.

C'è da dire, però, che il mercato del lavoro in ambito psicologico, terribilmente inflazionato nonostante il numero chiuso delle Facoltà, tiene poco conto degli indirizzi specialistici e quindi non è così indispensabile "indovinare" la specialistica "giusta".

Durante il percorso, due Tesi di Laurea, la prima dopo il triennio e la seconda dopo il successivo biennio, in cui allo studente viene chiesto di approfondire davanti ad una Commissione di undici docenti vestiti da pinguini, addirittura con i pennacchi dorati, un tema da discutere, di suo interesse, ma da condividere con il Relatore, spesso difficilmente raggiungibile in Facoltà di persona o tramite e-mail, oberato com'è da impegni accademici sconquassanti.

In qualche modo, si esce dall'Università, ma la strada da percorrere è ancora lunga: al Tirocinio Pre laurea, c'è da aggiungere il Tirocinio Post laurea, della durata di dodici lunghi mesi, in sedi accreditate, solitamente già "a tappo" di tirocinanti. Bisogna andare ad accattonare un posto libero da tirocinante e quando lo si riesce a trovare, tenerselo ben stretto.

Terminato il Tirocinio post laurea, c'è da andare a caccia di una sede universitaria dove sostenere il non facile Esame di Stato (4 scritti ed un orale, che se sbagli il quarto scritto devi ricominciare da capo), per potersi iscrivere all'Ordine e dirsi Psicologo.

Una volta iscritti e pagata la relativa Tassa annuale all'Ordine, i più vengono assaliti da un dubbio pesantissimo: "E adesso, cosa posso fare?"

La risposta, soprattutto pensando ai sei anni impiegati per raggiungere l'agognata meta è la seguente: "Quasi nulla".

Il nostro (oramai) stagionato psicologo può sperare di trovare qualche anziano ed avviato collega che gli chieda di affiancarlo per la somministrazione di test in qualche Perizia (ma anche per far test è richiesta esperienza) e con 500 euro all'anno non si va lontani. Oppure, può implorare il direttore di una qualche comunità terapeutica per essere assunto, turni di notte compresi. Non è difficile andare a lavorare in una Comunità perché il lavoro è massacrante e c'è un turn-over elevatissimo, dato il dilagante burnout, per cui i posti si liberano in continuazione.

Ma c'è un *ma* … Anzi, ci sono due *ma* …

Il primo "ma" è che nove volte su dieci il rapporto di lavoro non è da dipendente, ma da libero professionista, anche se le virgolette all'inizio ed alla fine sono d'obbligo, perché di libertà non c'è ombra alcuna: orari prestabiliti, luogo di lavoro sempre lo stesso, cioè la comunità, e sottomissione gerarchica. Quando il Diritto del Lavoro esisteva in Italia, erano questi i tre requisiti che, con un bel ricorso al Tar (Tribunale Amministrativo Regionale), obbligavano il direttore di cui sopra a modificare la tipologia di contratto, inquadrando come dipendente il lavoratore, e non come "finta partita iva". Ma ora i tempi sono cambiati e bisogna fare come si può.

Oltretutto, in quanto libero professionista, il nostro stagionato psicologo deve pure aprire la Partita IVA e finire dentro al calderone della presunzione di reddito: "Se apri la partita IVA, vuol dire che meno di tot all'anno non guadagni, al di là di cosa scrivi nella tua dichiarazione dei redditi", dice la solerte Agenzia delle Entrate. E son dolori... .

Il secondo "ma" è peggio del primo: quasi mai uno psicologo appena iscritto all'Ordine viene contrattualmente inquadrato come tale. Viene inquadrato come Educatore. Come se nulla fosse, nonostante siano due professioni diverse e diversamente regolamentate. Ovviamente la tariffa oraria è inferiore; in compenso all'inquadrato educatore, viene chiesto di fare lo psicologo, essendo tale. L'Ispettorato del Lavoro quasi mai eccepisce. Tempo fa, eccepiva.

Non credo ci sia da aggiungere altro.

Così, dopo aver ingoiato il rospo, allo stagionato collega non resta da far altro che trovare una bella Scuola di Psicoterapia, della durata di ulteriori quattro anni, rimboccarsi le maniche e, già che c'è, vedere di trovare quei venti mila euro per la formazione psicoterapeutica.

Le Scuole di Psicoterapia

Sono veramente tante, sparse su tutto il territorio nazionale e quasi tutte private accreditate: un business enorme.

Affinché il lettore non perda fiducia in chi scrive, si potrebbe far sapere che l'unica Scuola di Psicoterapia Pubblica della Liguria è all'Istituto Gaslini di Genova: 20 posti l'anno a numero chiuso e per giunta di questi venti posti, solo sei sono riservati a psicologi, mentre gli altri quattordici sono riservati a medici. Ovviamente sono disponibile ad essere smentito, se così non fosse. E ne sarei addirittura felice.

Teniamo presente che l'Ordine degli Psicologi della Liguria viaggia sui 2500 laureati in psicologia, regolarmente iscritti: c'è da aggiungere altro?

Il M.I.U.R. (Ministero dell'Università e della Ricerca Scientifica) ha fissato dei criteri di accreditamento delle scuole private di psicoterapia e ad esse ha delegato il compito di formare gli psicoterapeuti italiani.

Un buon affare per le scuole ed una meschina figura per lo Stato, di cui, naturalmente, nessuno si accorge (se non i genitori dei giovani disoccupati psicologi costretti a scucire questi ventimila euro).

Una questioncina abbastanza scandalosa.

L'accreditamento non è un fatto semplice e richiede sicuramente professionalità dei docenti, con curricula adeguati ed organizzazione logistica non da poco, oltreché robusti collegamenti con Scuole di riferimento internazionali; comunque, tenendo presente che ogni scuola forma circa una ventina di psicologi (minimo) all'anno, ogni scuola, nel quadriennio di formazione, intasca la considerevole cifra di quattrocentomila euro, minimo. Non è poca roba, anche se le spese di gestione sono molte.

Sempre per fare i conti della serva (abbiate pazienza, ma i liguri sono noti come taccagni), ai ventimila euro di tasse vanno aggiunte anche le spese di trasporto per il raggiungimento delle sedi di formazione e pure un minimo per i pernottamenti fuori casa (non pochi).

Abbandoniamo ora le questioni economiche ed eleviamoci in questioni scientifiche: quale indirizzo psicoterapeutico scegliere?

Il Cognitivo Comportamentale del buon Frederic Skinner, con la sua teoria su stimolo e risposta, a cui poco interessa indagare le origini del sintomo, focalizzandosi sui modi per superare le difficoltà tout court, senza farsi troppe domande ed andando diritti allo scopo?

Oppure tuffarsi nella storica psicoanalisi del buon Sigmund Freud, lui si interessato ad indagare (talora sino alla nausea) le origini dei disturbi psicopatologici, giungendo fino ad ipotizzare l'esistenza dell'inconscio, del complesso di Edipo, delle varie Fasi nella crescita (orale, anale e fallica) per scoprirne eventuali fissazioni, e ci fermiamo qui, ma potremmo tediare il lettore anche con i vari *meccanismi di difesa...* .

Oppure scegliere una scuola ad indirizzo Familiare, oppure una scuola Analitico Transazionale del buon Eric Berne, oppure una scuola "Centrata sulla Persona" del buon Carl Rogers, portata nel nostro Paese dal Professor Alberto Zucconi?

Mi fermo qui, ma potrei andare avanti all'infinito.

Non è comunque una scelta da poco, perché accompagnerà per una quarantina d'anni il lavoro del nostro psicologo. E quasi nessuno lo prepara a questa scelta ed il più delle volte ci si affida alla buona sorte o al consiglio di qualche attempato collega. Ci auguriamo solo non avvenga la scelta sulla base delle brochures delle scuole: la pubblicità sarà anche l'anima del commercio, ma forse non è tanto adatta a scegliere il proprio orientamento psicoterapeutico.

Quattro lunghi anni, quasi sempre fuori casa, a sentir docenti esporre teorie, a fare simulate (esercitazioni pratiche, alternandosi a fare il terapeuta o il paziente), sotto stretto controllo dei docenti formatori, con una prova finale ad ogni anno ed una veramente finale al termine della scuola.

Una formazione impegnativa.

Intanto, l'Anagrafe ci ricorda che abbiamo circa trent'anni e dobbiamo ancora iniziare a lavorare. E magari ci tocca anche sentirci chiamare "bamboccioni" da quell'ex ministro dell'Economia di nome Tommaso Padoa

Schioppa o da quell'ex suo collega Ministro del Lavoro Giuliano Poletti.

Roba da matti.

Fortunatamente la vita media si è allungata, ma affacciarsi al mondo del lavoro a trent'anni, non è l'ideale, secondo noi: si è quasi obbligati a vivere più a lungo!

<u>La Legge Istitutiva della professione</u>

Come abbiamo già detto, la psicologia ha, da un lato, una lunghissima preistoria e, dall'altro, una storia relativamente breve. E' una scienza "giovane", ma che ha per oggetto un antico interesse nell'uomo. Nella cultura occidentale le conoscenze psicologiche trovano una prima sistemazione all'interno della filosofia (a partire da Platone e Aristotele, attraverso la Scolastica e poi, Descartes, Hobbes, Locke…).

Ma è solo a partire dalla seconda metà del 1800 che la psicologia si costituisce come disciplina scientifica autonoma, facendo proprio il metodo d'indagine delle scienze naturali (osservazione e sperimentazione).

Tra le discipline che contribuirono maggiormente allo sviluppo della psicologia scientifica troviamo, infatti, la fisiologia, la medicina e la fisica.

La nascita della psicologia come scienza autonoma e sperimentale è fatta risalire ad un gruppo di studiosi che, riuniti attorno alla figura del fisiologo Whilelm Wundt, diedero vita a Lipsia, nel 1879, al primo laboratorio di psicologia sperimentale.

Oggetto di analisi, il modo in cui la mente elabora le sensazioni provenienti dal corpo, cioè come, gli impulsi nervosi inviati al cervello dagli organi di senso si traducano in sensazioni e percezioni.

È dunque la coscienza, l'esperienza immediata.

Già nel 1860 il fisiologo tedesco Gustav Theodor Fechner aveva dimostrato sperimentalmente la relazione esistente tra intensità della sensazione e intensità dello stimolo (parallelismo psicofisico).

Secondo Wundt, il metodo più adatto per esaminare l'esperienza immediata era l'introspezione, ovvero l'osservazione sistematica e diretta dei processi che hanno luogo nel soggetto che esperisce un fenomeno, nel momento stesso in cui lo esperisce.

Ma non ci complichiamo troppo la vita con questioni complicate: fermiamoci qui e sorvoliamo... . Questa è la Preistoria. E anche, a dirla tutta, una piccolissima parte di essa.

Passiamo quindi rapidamente alla storia recente della Professione di Psicologo, che ha una data: il 18 febbraio del 1989. Pochissimi anni fa. Era un sabato: la professione di psicologo è nata di sabato.

Moltissimi di noi eravamo già ampiamente nati e, forse, pensavamo che anche la psicologia fosse già stata regolamentata. Ma così non era: la data di cui sopra rappresenta l'entrata in vigore di una Legge dello Stato Italiano, la numero 56 del 1989 (detta anche Legge Ossicini), istitutiva della professione di psicologo.

E prima cosa c'era?

Niente. Semplicemente niente.

Chiunque si poteva autoproclamare psicologo e non era giuridicamente possibile smentirlo.

Completa "deregulation". Immagini il lettore, il caos regnante... .

Uno, si svegliava la mattina e si diceva psicologo. Roba dell'altro mondo, ma è così.

D'altronde, anche l'Università Italiana non è stata da meno: le prime Facoltà di Psicologia sono state istituite nel 1972 a Roma e a Padova.

Ma cosa dice questa Legge 56 del 1989?

Innanzitutto, dice che è psicologo solo chi è laureato in psicologia: sembra una banalità, ma nei fatti non lo è per niente.

I primi laureati in Psicologia in Italia uscirono nel 1976. Ciò significa una sola cosa: chi si definiva psicologo prima di tale data non aveva fatto psicologia all'università, ma aveva (bene che andasse) un'altra laurea.

Credo ricorderete tutti il più famoso psicologo italiano degli anni 60, 70 ed oltre. Si chiamava Cesare Musatti, il quale era laureato in Matematica. Come ricorderete Adriano Ossicini, padre riconosciuto della legge istitutiva della professione di psicologo: era laureato in medicina.

Non crediamo venga in mente a nessuno autoproclamarsi ingegnere senza aver fatto la facoltà di ingegneria: beh... con gli psicologi purtroppo accadde e, quindi, aver messo uno stop a questo stato di cose con la Legge 56, affermando che sono psicologi solo i laureati in psicologia, tanto una banalità non sembra proprio essere.

Venne inoltre istituito in ogni regione un Ordine, come per tutte le professioni serie, ed il relativo Albo, con tutte le regole del caso, deontologia compresa.

Inoltre, la citata Legge 56, regolamentò anche la professione di psicoterapeuta, terreno comune di medici e psicologi, i quali dovevano e devono aver acquisito la specializzazione quadriennale post lauream in una Scuola di Psicoterapia, riconosciuta ed accreditata dal Miur.

Ogni Ordine dei Medici ed Ogni Ordine degli Psicologi ha quindi un proprio elenco di psicoterapeuti.

Non mi sembrano fatti di scarsa rilevanza.

Come tutte le leggi di regolamentazione di una professione, la legge 56 ha previsto un breve periodo di Norme Transitorie, della durata di tre anni, per "traghettare" dal vecchio al nuovo e sanare, ove possibile, certe situazioni con caratteristiche particolari. Dette norme Transitorie, si sono (fortunatamente) concluse più di vent'anni fa e, quindi, da oltre vent'anni tutto è a regime, e chi è psicologo deve essere laureato in psicologia (la Facoltà ha la durata di cinque anni), deve aver fatto un anno di tirocinio post lauream, deve aver superato l'Esame di Stato e deve essere iscritto al proprio Ordine regionale. Se poi vuol dirsi anche psicoterapeuta, deve aver fatto i quattro anni di specializzazione successivi. Un lungo iter, della durata di 10 anni di studio dopo l'esame di maturità (se non ci si distrae durante il percorso e si perde del tempo).

Una formazione impegnativa, quanto affascinante.

Purtroppo, possibile solo a pochi, come vedremo dai numeri che seguono.

"Terminata" la formazione (le virgolette sono d'obbligo perché in realtà la formazione dura tutta la vita, cambiando solo il nome e diventando Aggiornamento), s'inizia il lavoro: innanzitutto, ci si veste da psicologo, nel senso dell'abbigliamento e del *look;* la maggior parte di noi non crede tanto al proverbio dell'abito e del monaco, anzi, ritiene l'esatto opposto e pensa che l'abito faccia proprio il *monaco.*

Si cerca una sobria eleganza, una cura nell'aspetto, sia a livello fisico, come a livello di abbigliamento, cercando di facilitare nel paziente la percezione di aver scelto la persona giusta ed il professionista affidabile. Non esageratamente eleganti: se si eccede si può pensare di crear distanza di relazione, anziché facilitarla. Una sobria eleganza.

I primi incontri di lavoro con i pazienti sono, solitamente, accompagnati, nell'animo del terapeuta, da una profonda angoscia e da una sensazione d'inadeguatezza. Potrà sembrar strano, ma dieci anni di formazione specifica non forniscono quasi mai sicurezza d'intervento e quindi l'angoscia è all'ordine del giorno.

E la mente dello psicologo si affolla di domande del genere: "Adesso, cosa ci faccio con questo?" "Sarò in grado di dargli ciò che si aspetta da me?" "E se non sapessi cosa farci, che figura ci faccio?".

Domande legittime, perché il passaggio dalla formazione all'azione è problematico per tutte le formazioni. Nessuno, uscendo dall'Università e dalle Scuole di Specializzazione è formato del tutto. Lo è solo dal punto di vista delle conoscenze teoriche. La pratica clinica, cioè l'esperienza sul campo, piano piano, si affiancherà alle conoscenze acquisite negli studi e tranquillizzerà il nostro psicologo.

È questo un passaggio obbligato in tutte le professioni, vale per gli ingegneri quando si troveranno a costruire le prime case, vale per i chirurghi quando si troveranno a fare i primi interventi chirurgici. E non potrebbe essere altrimenti.

Diciamo che curare l'angoscia dei primi pazienti con l'angoscia dentro allo psicoterapeuta non è proprio il massimo, ma è così. Poi, col tempo, passa.

Non è, però, un fatto del tutto negativo questo senso d'inadeguatezza del terapeuta: è anche uno stimolo a migliorarsi, a porsi delle domande, a riflettere su di sé. In buona sostanza è una sana percezione dei nostri limiti.

L'esperienza clinica non s'inventa, ma si acquisisce solo con il tempo e sarebbe patologico se si facesse come se ci fosse, se ancora non c'è. Arriverà e, con essa, arriverà la tranquillità. Quest'ultima, mai sarà totale, perché prendersi cura dell'anima in toto dei pazienti non è compito da poco, però nemmeno una *mission impossible*.

Lo psicoterapeuta non è un padreterno, ma un essere umano, con i suoi problemi e con i suoi limiti, come il paziente in cura: li distingue solo (si fa per dire) una maggior conoscenza dei meccanismi della mente umana posseduti dal primo, il quale ha fatto una lunga formazione teorica nel campo ed ha deciso di farne una professione d'aiuto.

L'interesse per l'altro è il motore della relazione terapeutica, fondamentale per superare le difficoltà. E, infine, la curiosità (quale elemento del carattere) è il carburante del motore.

Un po' di dati statistici

Secondo l'ISTAT , solo il 49% dei Diplomati nel nostro Paese si iscrive all'Università, con differenza tra femmine (55 %) e maschi (44%) circa.

Una percentuale in calo negli ultimi anni accademici.

Inoltre, il 39,9% delle 25enni ha conseguito per la prima volta un titolo universitario contro il 25,8% di uomini ed il 23,5% una laurea magistrale contro il 15,1% di maschi.

Parlando qui della laurea in Psicologia, su cento giovani che escono dalle scuole superiori e decidono d'iscriversi alla Facoltà di Psicologia, solo 19 terminano i cinque anni previsti dal corso di studi, e ben 81 si perdono per strada. Quei 19 sono 15 femmine e 4 maschi: una selezione impressionante.

A distanza di quattro anni dalla laurea, di questi 19 hanno trovato lavoro, sempre secondo l'ISTAT (che però, va detto, non ci dice quale tipo di lavoro abbiano trovato in 15).

Numeri su cui riflettere.

Infine, di questi 19 solo 8 diventano psicoterapeuti.

Una selezione decisamente impressionante, se pensiamo che dei 100 giovani usciti dalle superiori, solo 8 "terminano" (si fa per dire) gli studi; 92 non li terminano.

L'Istat, purtroppo, non ci dice la provenienza sociale ed economica di questi 8, ma è facilmente immaginabile sia di livello medio alto o alto del tutto.

L'uguaglianza di opportunità sembra proprio essere un'Araba Fenice.

Dieci anni di formazione successiva alla Maturità, spesso fuori casa, tra spese varie (viaggi, affitti di stanze, cibo per la sopravvivenza, libri compresi) e tasse d'iscrizione, ruota attorno alla bella cifra di 150.000 euro: quale famiglia può permettersela? E siamo certi di aver ragionato per difetto e non per eccesso.

E stiamo parlando di un figlio solo: se poi son due, gli euro diventano 300.000, quanto il costo di una casa.

Inizia la Professione

Con le difficoltà sopra descritte, attorno ai 30 – 35 anni si inizia la professione: ma dove? Nel pubblico o nel Privato.

Nel Pubblico, grandi spazi non ce ne sono, almeno per ora.

Gli psicologi nel Pubblico, praticamente, sono solo all'interno delle ASL, nei diversi Servizi Territoriali (Salute Mentale, Sert, Materno Infantile, Anziani e Disabili) e nell'unico Servizio Ospedaliero, quello di Psichiatria (SPDC, Servizio Psichiatrico di Diagnosi e Cura). Qualche raro collega è inserito nell'URP (Ufficio Relazioni con il Pubblico), per rara sensibilità di rari Direttori Generali.

Qualche altro raro collega lavora, in qualità di Consulente del Ministero della Giustizia, nelle patrie galere: al massimo, però, per 64 ore al mese ed una tariffa oraria, di cui mi vergogno un po' ed eviterò di dire. Il Ministero della Giustizia non si vergogna, a quanto pare. Non è uno stipendio con cui poter vivere: al massimo un secondo lavoro.

In quali situazioni economico-finanziarie versino le nostre ASL, è risaputo e non crediamo sia il caso di soffermarci troppo.

Al Direttore del Personale dell'ASL dove lavoravo, in più di un'occasione, ho sentito dire con le mie orecchie in riunioni sindacali, che avrebbe barattato volentieri posti in pianta organica di psicologi, con posti di medici, infermieri, biologi, farmacisti, eccetera … Forse non gli eravamo simpatici, ma garantisco di aver sentito bene.

Un altro fattore incidente negli scarsi ingressi di psicologi nelle ASL è dovuto al blocco del turn-over e, quindi, chi va in pensione non viene sostituito, se non col contagocce.

Ricordiamo, infine, che il contratto del personale sanitario delle ASL prevede, per accedere ai rari concorsi o avvisi pubblici, la specializzazione in psicoterapia, essendo il primo livello di accesso alla carriera, il livello di psicologo dirigente (l'Aiuto di una volta): altra selezione, altro imbuto, altra difficoltà.

Già che siamo a parlare di Aziende Sanitarie Locali, sarà il caso di soffermarci brevemente sui cambiamenti di esse, avvenuti nel corso del tempo: le ASL sono nate nel 1980, a seguito della Riforma Sanitaria numero 833 del 1978. Una Riforma importantissima, considerata tra le migliori al mondo, con al centro l'individuo ed intorno interventi di tipo ospedaliero e territoriale. Sull'onda dei cambiamenti sociali degli anni precedenti, agli storici interventi ospedalieri furono affiancati nuovi Servizi Territoriali, allo scopo di curare persone senza necessità di ricovero: in buona sostanza veniva data grande importanza alla prevenzione ed alle cure domiciliari. Attraverso Equipes Multidisciplinari, veniva garantita assistenza e cure a chi ne aveva bisogno senza far varcare la soglia degli ospedali. In queste equipes trovava posto lo psicologo, assieme al medico, all'infermiere e all'assistente sociale. Stiamo parlando della Salute Mentale, del Servizio per i Tossicodipendenti e gli Alcolisti, del Materno Infantile, dei Consultori Familiari, degli Anziani e Disabili: luoghi diurni, aperti dalle 8 di mattina alle 20 di sera, dove i pazienti venivano seguiti con regolarità, pur continuando ad abitare a casa loro. È di tutta evidenza la minor necessità di ricovero ospedaliero (e la conseguente riduzione di spesa). Far prevenzione incide sulle condizioni di salute delle persone, riducendo le necessità di ricovero, limitate alle fasi acute dei disturbi.

Poi, il vento cambiò e l'ospedale si riprese spazio, anche a livello culturale. In un modo non netto, ma inesorabilmente progressivo, riprendendosi il suo spazio centrale, a scapito dei servizi territoriali, sempre più sottodimensionati e oramai ridotti al lumicino. Semplicemente, non furono quasi mai rimpiazzati gli operatori che progressivamente andavano in pensione, con operatori nuovi. Tra questi, ovviamente, gli psicologi. La descrizione di cui sopra è una delle cause di difficoltà ad entrare dal punto di vista lavorativo nelle ASL per gli psicologi.

Di altro, nel settore pubblico, non c'è.

Nel settore privato, ci sono le Cooperative (prevalentemente Sociali, del Terzo Settore) e lo Studio Privato: delle prime ho già parlato nei paragrafi precedenti, quando ho decritto le Comunità Terapeutiche.

Dello Studio Privato parlo ora.

Naturalmente, prima di prendere questa decisione di aprire uno Studio bisogna pensarci bene. Molto bene.

Bisogna fare i conti con le spese di affitto, di utenze varie, di tasse e, quindi, la partenza è fuor di dubbio in salita e per giunta senza sapere se qualcuno busserà alla nostra porta di specialisti.

Le sedute di psicoterapia, della durata variabile dai 45 ai 60 minuti, non sono a buon mercato e, soprattutto, non è possibile conoscerne la durata. L'impegno economico per il paziente è considerevole.

Inoltre, se al dentista affidiamo la nostra bocca ed all'ortopedico affidiamo le nostre ossa, allo psicoterapeuta affidiamo tutto di noi, praticamente tutta la nostra vita e, quindi, la prudenza su chi scegliere pare legittima.

Ne discende un'inevitabile e comprensibile conseguenza: scegliamo chi ha esperienza, chi ha già avuto modo di affrontare nella sua vita professionale casi simili al nostro, chi è conosciuto ed apprezzato nel luogo dove viviamo, chi ci viene presentato da amici e conoscenti (magari già stati in passato suoi pazienti) come professionista valido ed affidabile.

Così, gli psicoterapeuti avanti negli anni non riescono a soddisfare tutte le richieste ed i giovani psicoterapeuti, magari preparati e validi, ma con poca esperienza clinica, restano all'asciutto.

Aprire uno Studio Privato di Psicoterapia ha, quindi, molti inevitabili rischi: di esporsi a spese superiori all'entrate. E va pensato bene.

Fare o Essere Psicoterapeuta

Secondo me, si possono fare molte professioni, senza incidere sul proprio modo di essere, di pensare, d'interpretare i fatti della vita, di relazionarsi con gli altri individui che incontriamo.

Ma la professione di psicoterapeuta è altro. Non ci se ne accorge subito, ma dopo qualche anno è di un'evidenza sconcertante.

Sempre secondo me, non si può _fare_ lo psicoterapeuta, si può solo _esserlo_.

Lo si capisce presto, perché occuparsi della vita delle persone/pazienti in toto, significa creare un rapporto, una relazione profonda con chi seguiamo.

Molti amici, spesso, cii chiedono se, vivendo professionalmente dentro a storie di vita così delicate ed emotivamente coinvolgenti, partecipiamo o siamo distaccati da esse. E ci chiedono se "ci portiamo a casa il lavoro": secondo me, questo dubbio non può esistere.

Non è possibile creare una relazione terapeutica se non si è coinvolti emotivamente.

Entrare in rapporto, significa essere interessati all'altro; non potrebbe essere altrimenti. Per questo la curiosità, dal punto di vista del carattere, è elemento essenziale di ogni psicoterapeuta. Altrimenti, sarebbe una noia mortale passare le giornate occupandosi di vite di cui non ci importa niente.

La relazione richiede un coinvolgimento.

Significa provare tristezza nei fallimenti e gioia nei risultati positivi: quando il paziente riesce a superare un ostacolo è festa per tutti, terapeuta compreso.

Ciò non significa farsi travolgere dal trattamento.

Lo psicoterapeuta ha una sua vita personale, anch'essa fatta di gioie e dolori, ed è fondamentale preservarla e proteggerla, anche perché le giornate sono fatte di lavoro, ma anche di altro: esiste un filo sottile che separa il lavoro dal "non lavoro". Farsi travolgere significa accumunare tutto ed è inopportuno, quanto sbagliato.

Ma non si può "schiacciare un bottone" e, da uomo o donna, diventare per qualche ora al giorno psicoterapeuta.

È una professione, questa, che modifica dal di dentro chi la svolge. In buona sostanza, si diventa qualcosa di diverso da quel che si era prima di iniziarla.

Per questo non si può fare lo psicoterapeuta, ma solo esserlo: è un modo di pensare, è un modo di riflettere, è un modo di porsi nei confronti dell'altro; è un modo diverso di entrare in relazione con le persone che s'incontrano, siano esse pazienti o non pazienti.

Col passare del tempo, progressivamente, si cambia dal di dentro, si leggono i fatti con occhi diversi, si partecipa alla nostra vita in modo differente da prima.

Cambia anche il cosiddetto carattere: dall'impulsività, si passa alla riflessione, come cambia anche il rapporto tra pensieri e parole (per dirla con Lucio Battisti e Mogol). Le parole si riducono ed il pensiero, la riflessione aumentano progressivamente ed inesorabilmente.

Gli psicoterapeuti sono tendenzialmente taciturni: da un lato sarà forse dovuto alla necessità di elaborazione del pensiero, dall'altro lato ci si abitua al ritmo delle sedute psicoterapeutiche, dove il paziente è spesso un fiume in piena di parole ed allo psicoterapeuta resta poco spazio per parlare.

Senza troppa presunzione, ci si trova a passare dalla quantità di parole alla loro qualità (o, per lo meno, si cerca di farlo).

Quando in precedenza abbiamo parlato di curiosità, è perché se non si è curiosi non è umanamente possibile ascoltare e partecipare a così tante vite; per lo più percorse da fatti ingarbugliati, all'origine, spesso, dei disturbi nevrotici, o, in certi casi, anche dei disturbi psicotici.

Oltretutto, lo psicoterapeuta ha, tra l'altro, il compito professionale d'indagare fatti e collegamenti di fatti non sempre coscienti nella persona in questione. È una specie di Sherlock Holmes dell'anima, in cerca di frammenti dell'anima, intesa come psiche.

Se non fosse caratterialmente curioso, non troverebbe mai nulla.

Lo spazio del Pensiero

Come ho accennato, nella professione di psicologo assume un ruolo centrale la capacità di ascolto del paziente.

Quasi nessuno, oramai, ha più voglia o tempo per ascoltare i propri amici o conoscenti. Viviamo di fretta, siamo quasi sempre in ritardo e discretamente individualisti e ripiegati su noi stessi.

La maggior parte di chi si rivolge ad uno psicologo, chiede di essere ascoltato.

Per chi non ha dimestichezza con questa professione, è difficile immaginarsi cosa diavolo fa uno psicologo con un paziente. Forse stupirò qualcuno tra chi legge, ma vorrei svelare questa specie di "mistero": beh … lo ascolta.

Ascolta moltissimo e i quattro quinti del tempo di una seduta, sono occupati dalla voce del paziente, e, ovviamente, solo il quinto residuo è occupato da ciò che dice lo psicologo.

Chi è credente tra i lettori e qualche volta decide di andarsi a confessare da un Sacerdote, gli parla di sé, dei comportamenti che ha avuto ed il sacerdote lo ascolta. Di solito finisce con una Penitenza, perché il prete o il frate "filtrano" attraverso la Morale della loro religione quanto ha raccontato loro chi si è confessato e, nel dare l'assoluzione dai peccati, commina una penitenza.

Anche i Magistrati durante un Processo ascoltano gli imputati, li giudicano applicando le Leggi dello Stato, il Codice Civile o il Codice Penale e comminano loro una condanna. Si tratta di applicazione della morale laica, scritta nei Codici.

Gli psicologi non fanno niente di tutto questo, nonostante anche loro, come i preti ed i giudici, ascoltino le persone. Non danno consigli, né penitenze, né tantomeno condanne.

Ascoltano.

Il giudizio è una categoria estranea agli psicologi.

Ascoltano, cercano di capire i motivi dei comportamenti e dei fatti raccontati loro, "mettono un po' d'ordine" (quando ci riescono) nel caos raccolto e, soprattutto accompagnano i loro pazienti nella loro personale strada di cambiamento.

L'ascolto, il pensiero riflessivo e l'accompagnamento nelle scelte hanno bisogno di silenzi, non tanto di parole. Può accadere che nei 45 o 60 minuti di una seduta (a seconda degli indirizzi delle Scuole), il terapeuta non apra proprio bocca, se non per un saluto all'inizio ed un altro saluto alla fine. Ma non sta zitto perché si fa gli affari suoi; si fa gli affari del paziente, il quale ha necessità di parlare con l'altro purché lo stia ad ascoltare. È una questione di fiducia e la fiducia è alla base di ogni rapporto terapeutico. Qualche rara volta, non parla nessuno dei due: evidentemente il paziente aveva bisogno solo della presenza del terapeuta e nulla più.

Senza contare che da Paul Watzlavick in poi e dalla sua Teoria della Comunicazione, tutti noi sappiamo quanto si comunichi con il silenzio. C'è un silenzio "vuoto" ed un silenzio "pienissimo". In entrambi i casi merita attenzione, accoglimento, riflessione, approfondimento. Tutto qua.

Al giorno d'oggi, molti ritengono il pensiero tempo perso, magari solo perché (sembra) non azione.

Così non è.

Il pensiero è una modalità di legittimazione dell'azione: un'azione senza pensiero rischia di essere pericolosa, talora un errore irrecuperabile.

Usare davvero il pensiero significa essere capaci di una <u>consapevolezza</u> e di un potere che abbiamo disimparato via via ad applicare. Inoltre, l'elaborazione del pensiero non avviene nel cervello. Il cervello é solo un coordinatore della mente: l'elaborazione del pensiero é un atto che riguarda tutto il nostro corpo ed in particolare alcuni organi come l'intestino e il cuore. Ma anche altri.

Arrivati a questo punto, diamoci il permesso di riflettere assieme su di un altro fatto di estrema importanza: la Realtà è composita, talora complessa.

Quando ci capita un qualunque accadimento ed abbiamo voglia di capirlo, siamo portati a darci delle spiegazioni semplici, talora (purtroppo) semplicistiche, rischiando di perder per strada elementi fondamentali.

Ma, come diceva qualche tempo fa un amico che stimo, "Non esistono soluzioni facili a situazioni complesse".

Qualunque accadimento nella vita degli esseri umani è complesso, perché nasce da lontano, si forma attraverso fasi multiple, alcune delle quali senza neppure accorgercene, dipende dalle condizioni socio ambientali in cui viviamo e dalle persone con cui viviamo, ed alcuni di questi accadimenti sono all'origine delle nostre difficoltà di vita e delle nostre sofferenze.

Vengono chiamate Nevrosi: spesso si contatta uno psicologo perché da soli non riusciamo a modificare le situazioni.

Iniziamo a descrivere la nostra storia di vita, e riversiamo nella stanza dello specialista un materiale confuso, con sequenze temporali talora strampalate e qualche volta con buchi mnemonici involontari: allo psicologo, il compito di mettere un po' d'ordine in un materiale vastissimo ed anche scombinato, proporre collegamenti tra fatti tra lo stupore del paziente, facendo i conti con la sua consapevolezza.

Per questo la relazione tra i due, il rapporto terapeutico, cioè, è essenziale. Se s'instaura, siamo già a metà dell'opera. Ma se non s'instaura, è meglio chiuderla lì.

Lo psicologo non dà consigli e tanto meno propone (sue) soluzioni. Ascolta, propone interpretazioni dei fatti ed accompagna il paziente nelle sue scelte.

A volte la strada del cambiamento è facile, altre volte è terribilmente lunga e difficile. Ma è sempre un percorso affascinante di conoscenza di sé.

Differenze di Genere

La Professione di psicologo vede, statisticamente, l'83 % di femmine ed il 17% di maschi.

In compenso la percentuale di chi decide di andare dallo/a psicologo/a è così composta: il 75% circa sono femmine ed il restante 25% circa sono maschi.

Non possiamo esimerci dal proporre una nostra piccola spiegazione a questi dati, e qui lo faremo.

Innanzitutto vi è una spiegazione <u>storica</u>: fino agli anni 90, prima cioè che l'Istituto Magistrale si trasformasse in Liceo (Linguistico o Scienze Umane o Economico Sociale) il Diploma Magistrale permetteva l'iscrizione ad un'unica Facoltà Universitaria, il Magistero: i corsi di laurea in psicologia si appoggiavano al Magistero. L'Istituto Magistrale permetteva d'insegnare nelle Scuole Elementari di un tempo: chi voleva continuare gli studi universitari non poteva far altro che iscriversi al Magistero. Per capirci: essendo nate nel 1972, come detto in precedenza, le uniche due Facoltà Universitarie di

Psicologia (Padova e Roma), a queste si potevano iscrivere solo i Diplomati nei Licei, mentre, al Magistero, si potevano iscrivere i Diplomati degli Istituti Magistrali.

Ed in queste scuole la stragrande maggioranza erano femmine, come in maggioranza erano femmine le maestre delle elementari ed i maestri, rari.

Una seconda spiegazione è <u>sociologica</u>: nella tradizione educativa del nostro Paese, ai figli maschi s'insegna il pensiero razionale. Così i maschi, crescendo, usano la ragione.

E se c'è una cosa che non c'entra nulla con la psicologia è proprio la ragione. Avete mai provato a dire ad un vostro amico depresso una frase di questo tipo: "Ma cos'è che ti manca? Hai tutto. Che bisogno c'è di essere triste?".

Se l'avete fatto, avrete notato l'inutilità della domanda e l'inefficacia del vostro tentativo d'aiuto.

Anche se la domanda è legittima, di buon senso e decisamente razionale: peccato non serva assolutamente a niente. La razionalità può essere efficace nella tristezza, ma tristezza e depressione sono due cose diverse e nemmeno tanto parenti.

Sempre dal punto di vista dell'educazione, i genitori (nel passato, ma forse anche nel presente) insegnano alle figlie femmine a coltivare le emozioni, la sensibilità, il dubbio, eccetera. Alle femmine viene raccomandato di essere accoglienti, come sarà accogliente il loro utero nella gravidanza.

Nella professione di psicologo sono necessarie "qualità femminili", quindi è normale la differenza di genere.

Mentre sto scrivendo queste righe sono assalito dall'angoscia di invio di strali da femministe dal pensiero rigido. Mi auguro di essere capito e soprattutto mi auguro venga riconosciuta questa sociologica differenza educativa tra maschi e femmine: l'obiettivo (purtroppo ancora lontano) di uguaglianza di genere, a mio modesto parere, è da ricercarsi e da perseguire a livello di opportunità, senza, però, sbagliarsi. Uomo e donna sono diversi tra loro (e meno male). Il giorno in cui saranno uguali coinciderà con la fine dell'Umanità. Spero ciò non avvenga mai.

Se la professione di psicologo è una professione "femminile", ciò è una risorsa. Non un limite.

E gli psicologi maschi hanno solo da cambiare il proprio modo di essere, modificando gli schemi maschili, adorando e perseguendo il dubbio e l'incertezza, abbandonandosi alle emozioni. La cosa è fattibile ed anche esaltante. Volendo, ci si può persino spingere a sostituire "l'invidia del pene" con "l'invidia dell'utero".

La terza ed ultima spiegazione è, paradossalmente, <u>psicologica</u>: le femmine sono più disposte a mettersi in discussione dei maschi e contattare uno/a psicologo/a per parlargli di sé e della propria vita significa cercare un confronto tra due persone.

I maschi hanno quasi sempre un po' di paura del confronto: gli hanno insegnato fin da piccoli a non farlo. Avrebbe potuto essere pericoloso.

Ne discende una stragrande maggioranza di richiesta di trattamento psicoterapeutico da parte delle femmine.

La domanda successiva è: "Il terapeuta me lo cerco maschio o femmina?" Ed ognuno si dà la sua risposta e, conseguentemente, si muove. La scelta è estremamente individuale e risente poco della differenza di genere del/della paziente: alcune donne mai e poi mai si troverebbero a proprio agio con un terapeuta femmina; altre, mai e poi mai si rivolgerebbero ad un terapeuta maschio. E, naturalmente, lo stesso accade anche ai pazienti maschi. Le motivazioni della scelta di genere del terapeuta, comunque, non incidono in nessun modo sul trattamento: è sufficiente che s'instauri una buona relazione terapeutica tra i due, fatta di *feeling,* di empatia, di fiducia, di tranquillità e di un pizzico di "magia". La magia è data dal raccontare ad una persona che non è nostro parente, né nostro amico profondo, tutto di noi, della nostra vita, fatta di ricordi belli e brutti e di alcune cosette che non abbiamo mai raccontato a nessuno e di cui, talora, magari ci vergogniamo anche un po'. Una magia, perché questa persona, il terapeuta, non c'è sempre stato o stata nella nostra esistenza: ad un certo punto entra nella nostra vita, ci accompagna per un po' e poi, a fine trattamento, ne esce e, magari, non lo vedremo più.

Consigli per l'uso

Innanzitutto cerchiamo di fare chiarezza tra professioni confinanti, ma diverse l'una dall'altra: la psichiatria, la neurologia, la neuropsichiatria infantile, la psicologia e la psicoterapia.

La Psichiatria è una specializzazione post laurea di quattro anni, riservata a laureati in medicina e chirurgia. Il campo d'azione degli psichiatri è rappresentato dai disturbi del comportamento, dalle malattie mentali vere e proprie (psicosi e nevrosi) e da una cinquantina d'anni si è staccata dalla neurologia, differenziandosi sia come specializzazione di studi, che come campo d'intervento. Affronta il tema dell'origine e della causa dei disturbi mentali, senza esser mai giunta alla comprensione totale ed esauriente nello storico dilemma tra origini genetiche ed ereditarie, ed origini ambientali, familiari, esperienziali di storie di vita. Lo psichiatra, in quanto medico, può prescrivere farmaci, qualora lo ritenga opportuno.

Lo psichiatra cura varie categorie di disturbi. Tra le principali si possono citare i disturbi dell'umore, i disturbi d'ansia, i <u>disturbi ossessivo-compulsivi</u>, i <u>disturbi del sonno</u>, i <u>disturbi psicotici</u>, le <u>dipendenze da alcol</u> o <u>sostanze stupefacenti</u> ed i <u>disturbi del controllo degli impulsi</u>.

La Neurologia è una specializzazione post laurea di quattro anni, riservata a laureati in medicina e chirurgia. La neurologia si occupa dello studio e del trattamento dei disturbi del sistema nervoso, sia quello centrale (il cervello e il midollo spinale), che quello periferico (costituito da tutti gli altri elementi nervosi, incluse le strutture presenti negli occhi, nelle orecchie e nella pelle). Le patologie più spesso trattate dal neurologo sono: le cefalee e le altre forme di mal di testa, i disturbi del linguaggio, i disturbi del movimento, l'epilessia, le infezioni del cervello e del sistema nervoso periferico, come l'encefalite, la meningite e gli ascessi cerebrali, le malattie cerebrovascolari, come l'ictus, le malattie neurodegenerative, come l'Alzheimer, il Parkinson e la SLA (Sclerosi Laterale Amiotrofica), le patologie che portano alla perdita della mielina nel sistema nervoso centrale, come la sclerosi multipla, i problemi al midollo spinale, incluse le malattie infiammatorie e quelle autoimmuni.

Una visita neurologica è utile quando si sospettano problemi al sistema nervoso centrale. Fra i sintomi che dovrebbero far scattare il campanello d'allarme sono inclusi difficoltà di coordinazione, debolezza muscolare, alterazioni delle capacità sensoriali (inclusi il tatto, la vista e l'olfatto), formicolii e incontinenza intestinale.

Come si vede, ha poco o nulla a che vedere con i disturbi del comportamento e con le malattie mentali.

Un tempo Neurologia e Psichiatria non erano distinte come oggi: infatti esisteva la specializzazione in Neuropsichiatria, che sfornava neuropsichiatri; fortunatamente le due discipline presero strade diverse perché sono decisamente differenti tra loro.

La _Neuropsichiatria infantile_ è una specializzazione post laurea di quattro anni, riservata a laureati in medicina e chirurgia. Essa è rivolta a piccoli pazienti con patologie neurologiche e psichiatriche dell'età evolutiva e si occupa dell'inquadramento diagnostico dei ritardi e disturbi dello sviluppo nella prima infanzia (ritardi psicomotori, disturbi pervasivi dello sviluppo, disturbi della comunicazione e della relazione, disturbi di linguaggio, disturbi della regolazione, disturbi complessi).

In buona sostanza, la neurologia e la psichiatria sono discipline ancora fuse assieme solamente nei pazienti piccoli, in giovane età (diciamo, sino ai 18 anni).

La Psicologia, come già detto in precedenza, è una disciplina autonoma, con un proprio corso di studi universitari. Ha diversi ambiti di applicazione: innanzitutto la Psicologia Clinica, poi la Psicologia della Salute, dello Sviluppo, del Lavoro, la Psicologia Sociale e quella Giuridica, la Psicologia dello Sport, ed altre di minor importanza.

La Psicologia è la scienza che studia il comportamento umano e che cerca di comprendere ed interpretare i processi mentali, affettivi e relazionali che lo determinano, con lo scopo di promuovere il miglioramento della qualità della vita.

Gli psicologi non sono medici.

**La Psicoterapia** è terreno comune tra psicologi e medici. Sia gli uni che gli altri, per essere psicoterapeuti devono aver fatto una Scuola di Specializzazione quadriennale post laurea (dopo la laurea, cioè, in Psicologia o in Medicina) ed essere abilitati ad esercitare la Professione di Psicoterapeuta (come già detto) dal proprio Ordine Professionale.

La psicoterapia è un percorso di trattamento dei disturbi psicologici che prevede degli incontri con uno psicoterapeuta per aiutare il paziente a vivere meglio.

Esistono numerosi indirizzi di psicoterapia, ognuno con la propria impostazione e teoria di riferimento.

E le diverse Scuole di Psicoterapia formano psicoterapeuti con il proprio orientamento scientifico: sono quelli che vengono chiamati "indirizzi" (per esempio: ad Indirizzo Psicoanalitico, ad Indirizzo

Rogersiano, ad Indirizzo Cognitivo Comportamentale, eccetera).

Che nessuno si aspetti che uno psicoterapeuta cognitivo comportamentale vi faccia sdraiare sulla chaise longue (o divano) dello psicanalista freudiano: non ce l'ha neppure, nel suo studio. Chi brama sdraiarsi sul divanetto, suoni il campanello ad un discepolo della teoria psicoanalitica freudiana; i comportamentisti usano altri metodi psicoterapeutici. Non meno efficaci, ma differenti.

Tutto qua.

L'ultimo consiglio per l'uso è non avere pensieri rigidi del tipo "Io farmaci non ne prendo perché fan male alla salute" oppure "La psicoterapia non serve a niente, perché sono solo parole": spesso è il trattamento integrato tra medicine e psicoterapia ad essere il più efficace.

Le più illuminate Scuole di Psicoterapia trovano nel binomio parallelo tra l'intervento del medico psichiatra e l'intervento dello psicologo psicoterapeuta l'arma vincente dei trattamenti.

Effetti collaterali

Se, come abbiamo detto, non si può "fare" gli psicologi, ma si può solo "esserlo", la professione (in un certo senso) invade la vita dello psicologo, il suo modo di pensare, di ragionare e di leggere i fatti.

Passare molte ore al giorno immersi nei racconti dei pazienti, con il compito di dipanare matasse esistenziali, proponendo letture il più possibile sensate e di un qualche aiuto per chi a noi si rivolge con speranze e fiducia, significa non fermarsi quasi mai ai contenuti dei racconti, ma cercare sempre il "non detto", il "non riconosciuto" come elemento alla base dei comportamenti umani, materiale, questo, quasi sempre nascosto alla nostra consapevolezza di persone, per meccanismi di difesa presenti in tutti noi: il paziente ci racconta un film (il resoconto della sua vita) e noi ne vediamo un altro, con gli stessi protagonisti, ma con una trama del tutto differente.

Così, poco alla volta, con il crescere della relazione terapeutica, viene svelato il nuovo film, il quale, se condiviso e metabolizzato, si sostituisce al precedente, attraverso un lungo e delicato processo di consapevolezza.

Non è un'impresa facile, ma possibile e spesso risolutiva delle psicopatologie portate dentro la stanza dello Studio.

Non è per nulla facile, a livello di pensiero, muoversi contemporaneamente su questa sorta di doppio binario dei fatti, ma, a parere di chi scrive, è l'unica strada possibile da percorrere, per essere d'aiuto alle persone.

Con il passare degli anni di professione, si acquisisce in automatico questa modalità "a doppio binario" e sta qui l'effetto collaterale della professione: è come se ad ogni realtà, se ne affiancasse un'altra.

"Mi ha detto di non preoccuparmi. L'ho sentito con le mie orecchie", pensa lo psicologo. Contemporaneamente, si affaccia l'altro binario, l'altra lettura: "Se mi ha detto di non preoccuparmi, _significa_ che c'è da preoccuparsi; ma non me lo ha detto chiaramente ed in modo diretto perché gli dispiacerebbe che io mi preoccupassi".

L'attenzione al "non detto", ai contenuti non verbalizzati, alle motivazioni nascoste, prende il sopravvento ed il pensiero del curante si modifica.

Non solo sul lavoro, ma anche fuori dal lavoro.

E' questo un effetto collaterale da tenere a bada, sempre.

Anche se, per l'esperienza maturata, lo si tiene gelosamente dentro la nostra testa e non lo si verbalizza mai e poi mai, se non in presenza di un'esplicita richiesta a farlo.

Un altro effetto collaterale della professione è dato dall'abitudine di riflettere sulla sequenza dei fatti descritti, dato che talora alcune sequenze possono essere "saltate" o non riconosciute dai pazienti.

Ogni azione ha delle motivazioni e delle conseguenze. Ma le conseguenze di un'azione sono anch'esse dei fatti, i quali producono altre conseguenze … Così, all'infinito.

L'essere umano, bene che vada, riesce ad essere consapevole di una causa e di un effetto. E si ferma lì.

Invece ogni effetto produce a sua volta un'altra causa, alla base di un altro effetto, così, finché viviamo.

Aiutare a prenderne consapevolezza aiuta a star meglio.

Il problema per la vita del nostro psicologo, se le cose stanno così, qual è? Qual è l'effetto collaterale della professione?

L'effetto collaterale della professione è rappresentato, nella vita di tutti i giorni, dalla tendenza (per così dire automatica) a saltare alcuni passaggi di pensiero. Per capirci: se un pensiero è composto, per esempio, da sei passaggi, ognuno causa ed effetto dell'altro, concatenati tra di loro, può succedere che, in automatico, lo psicologo tenda a saltarne alcuni, perché è come se desse per scontata la medesima modalità di pensiero nell'interlocutore/amico, passando dal pensiero numero uno, al pensiero numero tre e da questo, al pensiero numero sei.

Ma non tutti gli interlocutori saltano i passaggi.

La conseguenza, sinceramente paradossale, è l'incomprensione da parte dell'interlocutore del pensiero dello psicologo. E' un effetto paradossale, in quanto lo psicologo dovrebbe essere uno specialista della comunicazione, invece, talora sembra abbia un pensiero astruso, stravagante e qualche volta del tutto incomprensibile. E ciò accade non tanto durante le sedute con i pazienti, quanto nella vita extra lavorativa con gli amici. Durante le sedute, l'attenzione ai vari passaggi è fondamentale, per permettere al paziente di seguire il ragionamento. Nella vita extra lavorativa, spesso lo psicologo si concede il lusso (pericolosissimo) di saltare i passaggi, perché non sentendosi in una situazione di accompagnamento del pensiero altrui, prende delle scorciatoie. Ed è un problema: l'interlocutore non riesce (giustamente) a seguirlo e possono nascere anche pericolose incomprensioni. Talora, possono finire amicizie o essere messe in crisi.

Un effetto collaterale delicatissimo, a parere nostro, da affrontare con molta attenzione e da smontare pezzo per pezzo, prima possibile.

Si può vivere senza la psicoterapia?

Decisamente si. Diciamolo subito.

Ogni tanto, qualche persona mi pone questa domanda. La mia risposta è sempre stata quella di quattro righe sopra.

Ci mancherebbe altro!

Anche se, ad onor del vero, ho sempre trovato e continuo a trovare la domanda alquanto "strana".

Potremmo domandarci: "Si può vivere senza gli antibiotici?" La risposta sarebbe sempre la stessa: "Decisamente si".

Se la psicoterapia è una cura (e credo proprio di si) è indispensabile solo quando serve, esattamente come gli antibiotici.

Quando si ha un problema dell'anima di una certa rilevanza, quando si soffre e non si riesce a venirne fuori, può essere utile e, in alcuni casi, anche indispensabile, confrontarci con un altro.

In definitiva, la psicoterapia è proprio un confronto.

Esistono le medicine, i farmaci e varie pozioni più o meno magiche, più o meno chimiche o naturali, a poter essere utilizzati per curare stati d'ansia, depressioni gravi (da non confondere con la sana tristezza), difficoltà ad attraversare a piedi i grandi spazi o stare dentro ad un autobus affollatissimo (si chiamano fobie), incapacità apparente ad elaborare e superare la perdita di una persona cara (un lutto), sia perché questa persona ha finito di vivere, sia perché ha finito di camminare al nostro fianco ed ha deciso di continuare la sua strada senza di noi. Questi farmaci si chiamano ansiolitici ed antidepressivi, sino ad arrivare agli anti psicotici, quando il disturbo non è una nevrosi, ma una psicosi.

Il Disturbo di Panico ed il Disturbo Bipolare, in questo periodo, vanno molto di moda e, ovviamente, hanno terapia psicofarmacologiche specifiche, talora fortunatamente molto efficaci.

Ma, personalmente, non sono mai stato affascinato dal dibattito sul primato delle medicine sulla psicoterapia o viceversa: credo siano trattamenti tra loro integrati, ognuno dei quali utile.

Una psicoterapia può permettere di trovare le origini del disturbo, spesso (ma non solo) ambientali, familiari, di esperienze di vita, e capirle, prima, e metabolizzarle, poi, aiuta a stare meglio.

Il farmaco anch'esso aiuta, non ovviamente a livello di comprensione del fenomeno, ma di percezione dello stesso: se chi amavo e mi amava se n'è andato via da me, può succedere di finire in depressione e la medicina mi aiuta a superare il momento buio e difficile; la psicoterapia mi aiuta a capire come mai mi ha lasciato, invece di continuare a stare con me.

Se però sto tutto sommato bene, vivo tranquillamente, ho i miei interessi, le mie relazioni sociali ed affettive soddisfacenti, sono riuscito a costruire qualcuno (non tutti, ci mancherebbe...) dei miei obiettivi di vita e sono autonomo ed indipendente ed anche abbastanza soddisfatto di come vivo, posso tranquillamente fare a meno di sottopormi ad un trattamento psicoterapeutico.

Resta fuori da questo discorso solo un elemento: il desiderio di conoscersi meglio ed in profondità. Talora questo desiderio prende alcune persone.

Non si tratta, quindi, in questo specifico caso, di un trattamento di necessità, ma può succedere e, quando ci prende, ci spinge a suonare alla porta dello studio di uno psicoterapeuta.

È nota a tutti, oramai, la pletora di meccanismi di difesa, di cui tutti siamo più o meno invasi: da soli non si riesce proprio a venire a capo di certi nostri comportamenti ed il trattamento è un modo per condividere con l'altro, il terapeuta, la nostra vita. Il confronto e la relazione con l'altro, permette una lettura dell'anima senza l'ingresso dei meccanismi di difesa: in buona sostanza, lo psicoterapeuta si fa gli affari nostri, perché siamo noi pazienti a chiederglielo, ma non ha i nostri meccanismi di difesa. Magari ha i suoi, ma diversi dai nostri e dovrebbe conoscerli ed anche saperli tenere a bada.

Non esistono controindicazioni.

Un trattamento psicoterapeutico non ha mai fatto male a nessuno.

L'unica cosa da cercare di evitare è interromperlo senza essere arrivati al termine, magari lasciando in sospeso episodi di vita portati a livello di coscienza, svelati e discussi, ma non ancora del tutto affrontati. Lasciare un lavoro a metà non è quasi mai opportuno. Vi sarà capitato di avere un rubinetto dell'acqua che perde perché la guarnizione di gomma non tiene più: se smontate il rubinetto, mettete la guarnizione nuova e poi vi fermate lì, senza rimontare il rubinetto, non avete fatto un buon lavoro... .

Portare a termine il trattamento presuppone un accordo condiviso con il terapeuta: è un momento delicato quanto entusiasmante; significa rescindere una relazione di comune accordo, in quanto non più necessaria. Una Patente di autonomia da festeggiare con soddisfazione reciproca.

L'unico effetto collaterale della cura può essere rappresentato da una certa "dipendenza" dal terapeuta. Può succedere di pensare di non poterne fare a meno, quando invece saremmo in grado di camminare da soli. D'altronde, quando navigavamo nel mare in tempesta della nostra vita, il terapeuta è stata la nostra zattera ed è umano affidarsi alle zattere. Qualora questa dipendenza s'instaurasse, sarò lo stesso terapeuta ad intervenire, dando una mano al paziente a prendere coscienza delle sue ritrovate capacità.

Conclusioni

Dopo aver affrontato gli argomenti del presente scritto, quali conclusioni potremmo trarre?

Elencherò, punto per punto, i cinque punti secondo me più importanti:

1. La professione di psicologo ed ancor più quella di psicoterapeuta è una gran bella professione. Difficile, quanto affascinante. Ci permette di vivere centinaia di vita dei nostri pazienti e dà molte soddisfazioni, anche se a prezzo di tanta fatica ed impegno. Svegliarsi al mattino ed aver voglia di lavorare, d'incontrar persone e di poter essere loro d'aiuto, riempie l'anima.

2. In quanto professione d'aiuto è necessaria una predisposizione di base (innata?), fatta d'interesse per l'altro e di curiosità di conoscenze. Non è per tutti, ma forse neppure fare il fabbro, il muratore o

lo scienziato nucleare è da tutti: ognuno deve scegliere la propria strada.

3. L'iter formativo è decisamente impegnativo e, per dirla con Karl Marx, parecchio classista: non tutti i genitori possono permettersi di mantenere agli Studi un figlio per 19 anni (gli psicologi: 5+3+5+6, dalle primarie alla laurea) o addirittura per 23 anni minimo (gli psicoterapeuti: 5+3+5+6+4, dalle primarie alla specializzazione) con facilità. Chi non ha mezzi economici, non può farcela.

4. Non si "fanno granché soldi", né con la psicoterapia, né con la psicologia: sono altre le facoltà universitarie e le professioni più remunerative, dal punto di vista economico. Però, notoriamente, non è il denaro a dare la felicità, ma per gli psicologi e gli psicoterapeuti è la riconoscenza delle persone incontrate, il loro sguardo ed il loro sorriso a fine trattamento ad essere un grande valore aggiunto della professione. Restare nei ricordi dei nostri pazienti per tutta la

vita in modo indelebile e positivo è un valore decisamente grande.

5. Infine, si può vivere bene anche senza farsi strizzare il cervello: la psicoterapia non è un passaggio obbligato per la soddisfazione nella vita e, quando non è essenziale, è superflua.

L'autore

Roberto Sbrana, classe 1950, si appassiona alla Sociologia, laureandosi a Pisa nel '74.
Inizia a lavorare in qualità di Assistente del Prof. Silvano Burgalassi all'Università Cattolica di Milano ed al C.I.M. (Centro Igiene Mentale – Amministrazione Provinciale della Spezia) nato dall'applicazione della Legge Basaglia sull'abolizione dei Manicomi.
E' qui che si innamora dell'altra disciplina della sua vita, laureandosi quindi anche in Psicologia all'Università di Padova.
Nel 1980 nascono le U.S.L. e si trasferisce a Sarzana (Sp).
Negli stessi anni viene eletto nel Consiglio Comunale di Sarzana.

Quando viene promulgata la Legge 56 del 1989, istitutiva della professione di Psicologo e di Psicoterapeuta, viene eletto nel Primo Consiglio Regionale dell'Ordine degli Psicologi Liguri a Genova. Svolge attività sindacale in qualità di Segretario Provinciale dell'A.U.P.I., primo sindacato di categoria degli psicologi, firmatario del Contratto nazionale della Sanità.

Consulente del Ministero della Giustizia presso la Corte di Appello di Genova, in applicazione della Legge 354/75 (Ordinamento

Penitenziario) opera presso la Casa di Reclusione di Massa e la Casa Circondariale della Spezia. Lavora presso il S.E.R.T. di Sarzana (Servizio Tossicodipendenze ASL 5 Spezzino) e dà vita al primo Servizio Tossicodipendenze interno al Carcere della Spezia, di cui è Direttore Responsabile, sino al pensionamento, avvenuto nel maggio 2008.

Docente a contratto di Psicologia della Devianza e di Psicologia di Comunità, Organizzazione e Territorio presso l'Università degli Studi di Genova, attualmente è titolare del Laboratorio sul Ruolo dello Psicologo in Carcere presso la stessa facoltà.
Consulente Civile e Penale presso il Tribunale di La Spezia, esercita la Libera Professione come Psicoterapeuta ad Orientamento Psicodinamico.

Autore di diversi libri sulla marginalità come "Mettere in galera e buttare via le chiavi" (2014), "Mi chiamo Giuseppe, ma non sono il Santo" (2015), "I rei folli cambiano casa: dagli O.P.G. alle R.E.M.S." (2016), "Stranieri in carcere e proselitismo, una ricerca qualitativa" (2018), "Ricominciamo a parlare di droghe" (2018), "Professione Psicologo" (2019), "Quello che non ho, ma che potrei riavere" (2020), "Maledetto VIRUS" (2021).

Ha pubblicato inoltre un romanzo "Giacomo" (2019) e un racconto retrospettivo "Erano gli anni 60 e noi c'eravamo: gli H2 SO4" (2012).

Per contatti: robertosbrana2020@libero.it

Bibliografia minima

Allen E. S. e D. C. Atkins (2005), "The multidimensional and developmental nature of infedelity: pratical applications, Journal of Clinical Psychology", Vol. 61(11), pag. 1371-1382.

American Psychiatric Association (1996); DSM V, Manuale Diagnostico e Statistico dei Disturbi Mentali. Masson, Milano.

Andolfi M. "La crisi della coppia: una prospettiva-sistemico relazionale", Raffaelo Cortina Editore, Milano.

Aquilar F. e Del Castello E. (1998), "Psicoterapia delle fobie e del panico"; Franco Angeli, Milano.

Di Salvo S. "Depressione, ansia e panico: mali curabili". Campagna informativa su depressione e ansia promossa dall'Associazione per la ricerca sulla depressione.

Ferrante S., "La teoria dell'attaccamento nella terapia cognitivo-evolutivo- comportamentale del disturbo da attacchi di panico" Franco Angeli, Milano.

Gabbard G. O. (1995), "Psichiatria psicodinamica", Raffaello Cortina Editore, Milano.

Koran L.M. et al. (2006) "Estimated Prevalence of Compulsive Buying Behavior in the United States". Am J Psychiatry, 10 October,163:1806-1812.

Lingiardi V. (2005), Personalità dipendente e dipendenza relazionale. In "Le dipendenze patologiche" a cura di Caretti V. e La Barbera D., Raffaello Cortina Editore, Milano.

Malagoli Togliatti M. e U. Telfener (a cura di), "Dall'individuo al sistema: manuale di psicopatologia relazionale", 1991, Bollati Boringhieri Editore, Torino.

Miller D., 1994, "Donne che si fanno male", Feltrinelli, Milano.

Norwood R. (1985), "Donne che amano troppo", Feltrinelli Editore, Milano.

Organizzazione Mondiale della Sanità nel 2002 "World Report on Violence and Health")

Pani R. e Biolcati R. (2005), Compulsività e dipendenza daa shopping; in V. Caretti e D. La Barbera (2005), "Le dipendenze patologiche: clinica e psicopatologia", Raffaello Cortina Editore, Milano.

Piperno R., Fierro T., Paniccia M., Cantelmi T., "Il trattamento sistemico-relazionale del Disturbo di Panico", in Terapia Familiare n° 72, p. 27, 2003, Franco Angeli Editore, Milano.

Questioni e Documenti Quaderni del Centro nazionale di documentazione e analisi per l'infanzia e l'adolescenza n° 19 le http://www.psiconauti.it/violenza_domestica.aspx violenze sessuali sui bambini. Lo stato di attuazione della Legge 269/98 Firenze Istituto degli Innocenti febbraio 2001

Questioni e Documenti Quaderni del Centro nazionale di documentazione e analisi per l'infanzia e l'adolescenza n° 40 "Vite in bilico" Indagine retrospettiva su maltrattamenti e abusi in età infantile" Firenze Istituto degli Innocenti ottobre 2006

Rubinstein Nabarro e S. Ivanir (1999), "La terapia delle coppie di mezza età in crisi per una relazione extraconiugale".

Sbrana R., "Giacomo", Editore EmmeEmmePo, 2018

Sbrana R., "Mettere in galera e buttare via le chiavi", Editore G.D. Sarzana 2013

Sbrana R., "Ricominciamo a parlare di Droghe", Editore EmmeEmmePo, 2018

Sbrana R., Bigi M.C. "Stranieri in Carcere e Proselitismo", Editore EmmeEmmePo, 2017

Sbrana R., e Lorenzini G. "Mi chiamo Giuseppe, ma non sono il Santo", Editore G.D. Sarzana 2014

Sbrana R., et al. "Erano gli Anni '60 e noi c'eravamo" Editore Cico Rivolta. Carrara 2005

Sbrana R., Russo Alberto "La Rete", Editore G.D. Sarzana 1981

Sbrana R., Russo Andrea "I Rei Folli cambiano casa: dagli O.P.G. alle REMS", Editore EmmeEmmePo, 2016

Selvini Palazzoli M., Cirillo S., Selvini M., Sorrentino A. M., (1998), Ragazze anoressiche e bulimiche, Raffaello Cortina Editore, Milano.

Singer Kaplan (1981), I disturbi del desiderio sessuale, Mondatori, Milano.

EmmeEmmePo Edizioni